LA GRÈVE.

LA GRÈVE

PAR

M. ÉMILE DELON

Manufacturier à Saint-Jean-en-Royans (Drôme).

La question des grèves est une question qui a le rare privilége d'être toujours actuelle. Depuis la promulgation de la loi sur les coalitions, il ne s'est pas passé de jour qui n'ait vu éclater une grève entre les ouvriers et les patrons. Hier encore c'était le tour des ouvriers chapeliers de Paris. En Angleterre une grève terrible, qui semble vouloir rappeler les horreurs des grèves de Manchester et de Preston, a

éclaté parmi les ouvriers fondeurs ; les fourneaux
ont été éteints partout, et un meeting tenu à Londres
a promis aux ouvriers fondeurs l'appui de toutes les
corporations ouvrières de Londres pour prolonger la
lutte contre les chefs. En présence d'un mal qui
tend à devenir chronique dans notre pays, il importe
de rechercher s'il n'existerait pas un remède, non
pour empêcher complètement l'explosion des grèves,
mais pour les rendre plus rares et plus difficiles à
se produire.

Nous croyons que ce remède existe, et l'union entière de tous les chefs d'industrie nous semble le
meilleur moyen pour parer aux éventualités des
grèves qui nous menacent. L'isolement dans lequel
chaque industrie se maintient nous paraît très-fâ-
cheux au point de vue du mal que nous signalons.
Cet isolement permet aux ouvriers d'attaquer et de
ruiner successivement chaque industrie. Le jour où
elles se réuniront en faisceau, elles seront à l'abri
de ces attaques aujourd'hui trop faciles. Il faut donc
chercher à tout prix à réaliser cette union, et cela
dans l'intérêt des ouvriers comme des maîtres, car
s'il est une chose sur laquelle tout le monde soit d'ac
cord, c'est que les grèves, et les tarifs imposés,
n'ont jamais rien produit de profitable, ni pour les
maîtres, ni pour les ouvriers. Diverses causes viendront peut-être retarder la réalisation de cette union

si désirable. En premier lieu, l'apathie des chefs d'industrie. Habitués à être protégés et à voir l'autorité faire leurs affaires, les chefs auront de la peine à prendre cette initiative d'action qui est le caractère distinctif de nos voisins les Anglais. Cependant le souverain nous convie lui-même à agir, et nous a reproché notre manque d'initiative. Faisons notre profit de ces paroles, et marchons puisque l'autorité nous le permet. Une seconde cause qui nous arrêtera sans doute au début, c'est l'obscurité de la loi. Le gouvernement nous a donné, parmi toutes les libertés dont nous avions plus ou moins besoin, celle que nous ne lui avions pas demandée, et dont nous nous serions bien passés, la liberté des coalitions. Encore le gouvernement n'a été généreux qu'à moitié dans l'octroi de cette liberté si peu désirée, car il ne nous a pas donné, avec la liberté des coalitions, la liberté de réunion qui en est le complément naturel et indispensable. Toute coalition suppose une entente préalable, une réunion des personnes qui se coalisent, et si cette liberté n'existe pas, ou n'existe qu'avec l'autorisation du gouvernement, il en résulte que la coalition existe elle-même avec l'autorisation tacite du gouvernement. C'est là le côté fâcheux de la loi. Le législateur n'a voulu affirmer ni le droit de se coaliser, ni le droit de se réunir. La loi ne repose donc pas sur un principe

admis et reconnu ; c'est une loi dont l'application
est laissée à l'arbitraire de l'autorité qui interviendra quand elle voudra, au nom du droit de réunion
non autorisée. C'est cette obscurité de la loi qui
nous inquiète, et elle cessera le jour où les chefs
pourront librement se réunir, et fonder une association en vue d'une résistance à apporter aux coalitions des ouvriers. Si cette association ne peut se
produire librement, nous en concluerons que la loi
sur les coalitions n'a été faite que dans un but de
popularité déplorable ; si elle s'établit librement, ce
sera le meilleur commentaire de la loi, et ce sera
aux chefs d'industrie à chercher à diminuer par leur
union complète, les maux que cette liberté, importée
d'Angleterre, causera au commerce. Nous comptons
aussi sur les progrès de l'instruction en France, et
sur le développement intellectuel des classes ouvrières, pour rendre de plus en plus rare l'explosion de ces grèves qui ne traînent après elles que
des ruines et des malheurs ; et si l'Empereur, dans
son discours d'ouverture aux chambres, a pu se féliciter de pouvoir fermer enfin les portes du temple
de la guerre entre nations, espérons qu'un jour
viendra où nous serons assez heureux pour pouvoir
fermer aussi les portes du temple de la guerre industrielle, que la loi de 1864, sur les coalitions, a si
malheureusement ouvertes à deux battants.

Le 3 *mai* 1864, l'Assemblée législative après avoir entendu le rapport de M. Emile Ollivier, votait, à la majorité de 224 voix contre 26, la loi sur les coalitions. Peu de temps après une grève à laquelle plusieurs industries prenaient part éclatait à Nîmes ; à Lyon les ouvriers tailleurs se coalisaient et imposaient à leurs patrons un tarif nouveau. Le fléau gagnait ensuite Paris ; après quelques semaines, il n'était pas une industrie qui ne se fût ralliée au mouvement dirigé contre les maîtres ; aussi le *Figaro* écrivait, et le mot, disait-il, était authentique,

qu'une femme prise par les douleurs de l'enfantement, ayant envoyé sa domestique à la recherche
d'une sage-femme, cette dernière, je parle de la domestique, revint effarée, annonçant que les sages-
femmes s'étaient mises en grève. Ce mot, lors-même
qu'il n'aurait pas toute l'authenticité que le *Figaro*
réclame pour lui, peignait la situation du commerce.
Il ne s'agissait pas, en effet, de réclamations d'ouvriers appartenant à quelques industries isolées,
plus mal partagées que d'autres sous le rapport du
salaire ; le mouvement qui se produisait à Paris,
comme dans les départements, était si général et si
unanime, qu'il était évident que le commerce était
en présence d'un plan concerté par les sociétés ouvrières toujours en correspondance entre elles.

Les chefs d'industrie surpris par ce mouvement
inattendu, ont accepté les conditions qui leur étaient
imposées, il ne pouvait en être autrement.

Où auraient-ils trouvé l'appui dont ils avaient besoin pour résister ; la loi qui les avait protégés jus-
que là autorisait la coalition, et l'autorité s'inspi-
rant des intentions du gouvernement, la favorisait.
La victoire des ouvriers a donc été complète, et la
presse les a félicités chaudement sur le calme de
leur attitude et sur l'intelligence qu'ils avaient déployée.

Du maître, dont l'esprit conciliant avait su éviter à notre pays les désastres d'une stagnation de travail, pas un mot ; il était évident qu'il n'avait fait que son devoir en cédant aux exigences de l'ouvrier. Le calme est donc revenu après ce semblant de tempête, et le repos a succédé à cette agitation momentanée. Ce repos sera-t-il de longue durée ? Nous le désirons sincèrement, mais nous n'osons l'espérer. Sans être tout à fait de la race des Cassandre, il est permis de prédire que les ouvriers alléchés par les succès de leurs premières demandes, en formuleront de nouvelles. Pourront-elles être accueillies par les maîtres ? Nous ne le pensons pas, et il faudra bien bon gré mal gré que nous connaissions par nous-mêmes et non par les récits de nos voisins de l'autre côté du détroit les épouvantables horreurs que les grèves traînent après elles.

La législation paternelle qui nous régissait jusqu'à ce jour défendait les coalitions, et, grâce à elle, nous avions échappé à ce terrible fléau. Cette loi prohibitive des coalitions n'avait pas empêché l'augmentation progressive des salaires, et l'enquête industrielle que la Chambre de commerce de Paris vient de publier, et qui s'arrête en 1864, c'est à dire avant les grèves des ouvriers, montre que dans une période de seize ans le salaire des femmes avait augmenté d'un franc par jour, et que la journée des hommes avait subi aussi une forte augmentation

Ce chiffre est la meilleure réfutation de la loi de 1864, et en démontre l'inutilité. Maintenant que cette loi a importé chez nous ce produit anglais des grèves et des coalitions, il faut en prendre son parti et compter avec ce nouvel ennemi. Il a conquis droit de cité parmi nous et a affiché son premier, mais non son dernier programme.

Ce programme, rapporté lors des expositions de Londres, c'est la journée de travail réduite à dix heures, chaque heure de travail supplémentaire payée sur le prix de la journée augmentée de vingt pour cent. Le travail aux pièces augmenté également de quinze à vingt pour cent sur les prix payés jusqu'à ce jour. Les ouvriers ont justifié leur demande en se fondant sur l'augmentation des loyers et des objets de consommation; mais outre que cette raison n'a pas de valeur pour les départements, on ne comprend pas que les ouvriers aient imposé une augmentation de salaire en même temps qu'une diminution de travail. Les journées ont toujours le même nombre d'heures, et il eût été équitable de compenser l'augmentation de salaire réclamée en ne réduisant pas les heures de travail. Il est vrai que ces deux heures de travail devaient d'après eux être employées à l'étude et à la méditation. C'était un prétexte ; ils ne pensaient qu'à une augmentation de salaire, et la preuve en est dans ce fait, qu'ils stipulaient avec soin une augmentation pour le cas où ils travailleraient au-delà des dix heures convenues.

La loi de 1864 a donc créé de sérieux embarras à l'industrie, et c'est pour les éviter que nous faisons appel à l'énergie des chefs d'atelier menacés. Il faut qu'ils puisent en eux-mêmes la force nécessaire pour résister aux grèves qui les menacent, et qu'ils ne comptent plus ni sur la loi ni sur l'autorité : le gouvernement se plaint du manque d'initiative des citoyens, et avec raison ; seulement ses plaintes ressemblent à celles des mères qui gourmandent leur enfant de ce qu'il ne sait pas marcher, et qui se gardent bien de lui ôter ses lisières. Agissons, puisque la loi nous y convie, et ne nous endormons pas dans un lâche repos. Il ne s'agit pas de prêcher une croisade contre le nouvel esprit des sociétés modernes, de créer une résistance aux aspirations légitimes des classes ouvrières, non ; il s'agit de mettre une barrière, une digue aux prétentions inconsidérées des ouvriers, d'empêcher, dans leur intérêt comme dans le nôtre, l'explosion des grèves, qui sont aussi ruineuses pour eux que pour nous.

Rien n'est plus fatal à l'industrie que ces guerres intestines qui mettent aux prises le patron et l'ouvrier, ces deux membres de la même famille industrielle, les ruinent et les affament sans pitié. La grève de Manchester, car ces grèves ont des noms

comme des batailles célèbres, a coûté six millions
de francs aux ouvriers anglais, et ils ont dû subir
une diminution de salaires à la rentrée dans leurs
ateliers. La grève de Preston, en 1854, a duré trente-
six semaines et a coûté deux millions de francs aux
ouvriers et une diminution de dix pour cent sur leur
salaire à leur rentrée. Il nous serait facile avec un pareil sujet de faire un tableau émouvant des misères
que les grèves traînent à leur suite; mais à quoi
bon? c'est affaire de peintre et non la nôtre. Jamais
la description d'une tempête n'a empêché un nau-
frage, et il nous semble qu'il y a quelque chose de
mieux à faire que de se complaire dans le récit de ces
horreurs, c'est de prendre le fléau corps à corps, le
combattre et le vaincre si c'est possible.

Il est vrai que le rapporteur de la loi, M. Émile
Ollivier nous a promis que les grèves en France
n'auraient jamais le caractère farouche des *unions*
anglaises. L'ouvrier français, nous a-t-il dit, se plie
mieux que l'ouvrier anglais à une transaction. Son
esprit accepte plus facilement une bonne raison;
son cœur est bon, et c'est lui faire injure que de lui
dire qu'il a un cœur de chêne. Ces paroles sont sans
doute flatteuses pour l'ouvrier, mais elles ne nous
rassurent pas complètement. Si l'ouvrier français
pris individuellement est bon, et nous n'avons aucune raison pour douter du cœur de nos concitoyens,

il n'en est pas de même lorsqu'il s'agit d'une masse d'hommes égarés par les conseils des meneurs et par ses propres passions. Les souvenirs du mois de juin 1848 et les actes inqualifiables de sauvagerie commis dans les campagnes en 1851 sont trop présents à notre mémoire pour nous permettre de compter sur la douceur de nos mœurs. Nous redoutons singulièrement la *furia* française ; la faim est d'ailleurs mauvaise conseillère, *heu malesuada fames!* a dit le poète, et si les passions politiques ont fait tomber les masses dans les excès que nous avons tous déplorés, ces désordres seraient plus graves lorsque l'existence de l'ouvrier et de sa famille seraient en jeu.

Nous aurons donc à faire la triste expérience des grèves, il ne faut pas en douter, et il est nécessaire que les chefs d'industrie s'arment dès à présent de courage pour traverser les temps calamiteux qui les menacent. Ils seront seuls dans la lutte, car, nous le répétons, ils ne doivent compter ni sur la loi, ni sur l'autorité, ni sur la presse qui leur est hostile. Les journaux n'ont eu pendant le cours de cette crise que des félicitations à donner aux ouvriers et des encouragements pour leurs prétentions dans le présent et dans l'avenir. Nous nous sommes presque crus revenus aux beaux jours de 1848, alors qu'il s'agissait d'écraser l'infâme capital. Nous aurions compris ce langage de la part des journaux qui, comme le *Siècle* et l'*Opinion nationale* sont voués par état et par tempérament à la défense des classes ouvrières; nous l'aurions encore trouvé naturel chez les journaux officieux, comme la *Patrie* et le *Constitutionnel*, puisque la loi de 1864 émanait de l'initiative du gouvernement: nous l'avons moins compris de la part de la *France* et pas du tout du *Courrier du Dimanche*, dont les aspirations politiques se rapportent à un passé qui a été le triomphe de la bourgeoisie et la glorification du chef d'industrie. Qu'on nous permette donc de résumer en quelques mots les appréciations que nous avons trouvées dans les journaux relativement aux grèves qui s'étaient manifestées.

La *Patrie*, la *France*, le *Courrier du Dimanche*, l'*Opinion nationale* ont été unanimes pour féliciter l'ouvrier sur le calme de son attitude, et sur l'intelligence qu'il a déployée dans ses dernières grèves. Singuliers compliments! Des ouvriers se réunissent, se concertent pour présenter des tarifs ruineux à leurs patrons, au milieu d'une effrayante crise commerciale, et il faut les féliciter de ce qu'ils ne les ont pas assommés! Ils ont présenté leur requête avec grâce, ils ont fait comme ces spadassins de bonne compagnie qui tuaient leur homme non sans lui demander pardon de la liberté grande qu'ils prenaient.

L'ouvrier est toujours pour ces messieurs l'homme des émeutes et des lanternes cassées. Nous ne leur ferons pas un pareil compliment ou une pareille injure ; nous savions bien qu'en laissant faire à l'ouvrier ce qu'il voulait, il n'y avait pas lieu de craindre la moindre violence. Les meneurs qui avaient organisé l'affaire savaient leur code pénal par cœur, et l'autorité près de laquelle ils s'étaient renseignés avant d'agir, avait pris soin de leur lire, comme à de nouveaux époux au moment de la célébration du mariage, les articles traitant des droits et des devoirs des ouvriers en état de coalition.

Après ce coup d'encensoir et d'assommoir sur leur belle conduite, les trois journaux dont nous parlons donnent cependant quelques conseils de prudence aux ouvriers ; ils les engagent à ne pas trop faire de grèves, il en est à ce qu'il paraît des grèves comme de la vertu, il en faut mais pas trop n'en faut. La *Patrie* leur conseille de ne pas trop répéter leurs demandes, de ne pas trop exiger des maîtres, de ne pas trop escompter l'avenir au profit du présent, ce qui veut dire en bon français qu'il ne faut pas ruiner les chefs d'un seul coup, et qu'en prenant tout en un jour il ne resterait rien à prendre le lendemain. Le *Courrier du Dimanche* leur conseille la prudence par un autre motif, c'est que si les grèves se répétaient, le patron finirait par reprendre ce qu'il a accordé. L'ouvrier ne peut supporter la grève, il faut qu'il vive et qu'il mange deux fois par jour, suivant l'expression du journal ; le patron qui, à ce qu'il paraît, n'est pas dans la même condition, peut attendre patiemment la fin de la grève, et reprendre ainsi à l'ouvrier les concessions qu'il aurait faites : voilà des arguments propres à établir la bonne harmonie entre le chef et l'ouvrier.

La *France* de son côté conseille la prudence aux ouvriers, et leur dit : Vous serez bientôt patrons, grâce aux associations ouvrières; vous verrez alors que le maître ne peut pas toujours payer le salaire que vous réclamez. Il faut payer des impôts très-lourds, des intérêts d'argent écrasants, supporter des pertes inévitables, et les bénéfices ne sont pas ce que vous les supposez. Voilà des paroles sages, que la *France* aurait dû développer dans l'intérêt de la justice et de la vérité, tandis qu'elle ne l'a fait que dans l'intérêt de l'ouvrier, et comme une menace contre le maître. Il faut en effet méconnaître les premiers principes de l'économie commerciale pour croire que le maître peut augmenter le salaire à sa volonté, et qu'il suffit à l'ouvrier de se mettre en grève pour lui forcer la main et l'obtenir. Le prix d'une marchandise est fixé non par le producteur, le fabricant, mais par l'acheteur, le commissionnaire, comme on appelle l'acheteur commercial. Si l'objet manufac-

turé augmente de prix, soit par la hausse de la matière première, soit par l'augmentation de la main-
d'œuvre, l'acheteur commercial n'achète pas ; il at-
tend que des circonstances fassent baisser la matière première, ou que le fabricant, pressé par le
besoin, vende à perte ; et si l'objet manufacturé ne
baisse pas de prix, le commissionnaire l'achète ailleurs, en Angleterre, en Suisse, en Allemagne, partout enfin où l'objet est bon marché. Il peut donc arriver par suite de la hausse du salaire que le fabricant ne puisse vendre au même prix que ses concur-
rents étrangers, et soit forcé de s'arrêter et de ren-
voyer ses ouvriers ; il peut arriver aussi que si les
augmentations de salaire réclamées portent sur toutes les industries concernant les objets de première
nécessité, vêtement, linge, chaussure, ces objets
n'augmentent de prix, et qu'ainsi l'ouvrier ne soit
obligé de payer plus cher, et que ce qu'il aura gagné
en élévation de salaire, il ne le perde d'un autre côté
en payant plus cher tout ce dont il a besoin.

Ce sont là des idées qu'il faudrait faire comprendre aux ouvriers, qui ne voient dans la demande
d'augmentation que la satisfaction des besoins qui
les pressent, et ne se préoccupent pas des conséquences de leur demande sur la marche générale des
affaires, et, par contre-coup, sur les leurs. Il n'y aura
plus de grève le jour où les ouvriers auront compris

que l'abondance seule du travail peut faire les salaires élevés, et que les tarifs imposés n'ont jamais rien fondé de durable, ni pour les uns ni pour les autres

Notons en finissant l'appréciation que nous faisons des articles de journaux, cette étrange phrase que nous trouvons dans l'article du *Courrier du Dimanche*, à savoir qu'il est intolérable de penser qu'un capitaliste qui n'a rien fait viendra prendre les bénéfices d'une affaire, sous le prétexte qu'il a mis ses capitaux et qu'il risquait de les perdre, tandis que le gérant et les ouvriers qui ont travaillé n'y participent pas. C'est la vieille histoire des membres et de l'estomac que Lafontaine a mise en fable. Les membres se plaignaient qu'ils faisaient tout le travail et que l'estomac se reposait. Ils se mirent en grève et la mort s'ensuivit. Cette fable est d'une application tellement directe dans la question que nous traitons qu'elle nous dispense de plus amples arguments. Les capitaux y jouent le rôle de l'estomac, et sans eux rien ne serait possible; il est donc juste qu'ils participent aux bénéfices et ces bénéfices se composent de ce qui reste de liquidé, prélèvement fait des frais de toute nature, des appointements des employés et des salaires des ouvriers. Si ces derniers veulent participer aux bénéfices, il faut qu'ils participent aux pertes; c'est un principe d'équité, et c'est précisément les capitaux qui doivent seuls courir les risques, tandis que le salaire de l'ouvrier, qui représente sa vie, doit être à l'abri de toutes les chances et de tous les hasards commerciaux.

C'est ce qui nous fait dire, contrairement à l'opinion de la *France* et de la plupart des économistes, que le salaire n'est pas une marchandise qui doive suivre les fluctuations de la loi de l'offre et de la demande, car, s'il en était ainsi, le salaire serait livré à des oscillations perpétuelles, et la vie de l'ouvrier à la merci des moindres secousses commerciales. Les ouvriers le comprennent comme nous, puisqu'ils demandent un prix de journée fixe et une augmentation de quinze pour cent sur les travaux aux pièces, sans s'occuper le moins du monde de la loi de l'offre et de la demande des produits qu'ils mettent en œuvre.

Les chefs d'industrie peuvent donc voir, d'après les articles des journaux que nous venons de citer, qu'ils n'ont rien à attendre de la presse. Il n'a été accordé que des flatteries aux ouvriers et des conseils de prudence qui ressemblent singulièrement à des menaces ; du chef d'atelier pas un mot. On feint de croire que l'augmentation du salaire est une question que le maître peut résoudre. On oublie que si quelques grands établissements industriels peuvent supporter une augmentation de salaire, les petits

fabricants qui emploient un nombre limité d'ouvriers, et ceux-là composent la grande majorité des
commerçants, ne le pourront pas. Ils ont déjà à
lutter contre les impôts, les patentes, les intérêts
d'argent écrasants pour eux, et c'est à peine s'ils
peuvent joindre les deux bouts. Que sera-ce lorsque la journée aura dix heures au lieu de douze et
qu'il faudra augmenter les façons de quinze à vingt
pour cent? On feint de croire que l'industrie est entre les mains d'une aristocratie puissante qu'il faut
écraser ; on oublie que les cinq sixièmes des fortunes
sont faites par des ouvriers, que le commerce est
une constitution démocratique par excellence, et si
on a pu dire que chaque soldat a dans sa giberne
son bâton de maréchal, on peut dire que chaque ouvrier a sa fortune dans son sac. Jusqu'à présent, il
est vrai, on n'avait pas promis à tous les soldats qu'ils
deviendraient maréchaux de France; mais en industrie on a été plus loin. Grâce à une nouvelle combi-
naison, grâce au système des associations ouvrières,
tous les ouvriers vont devenir patrons, feront fortune, et la misère se trouvera amortie, selon l'expression heureuse de l'*Opinion nationale*.

Qu'on nous permette de nous arrêter quelque peu
sur cette question des associations ouvrières, qui
est à l'ordre du jour, et à laquelle tous les journaux
concluent comme au seul moyen d'en finir avec cette

misère qui nous importune. Certes, si un pareil résultat devait sortir de la mise en activité des associations ouvrières, il ne faudrait pas hésiter à leur accorder les cent millions de francs que l'*Opinion nationale* réclame pour elles. Mais il est permis d'en douter. Les essais qui ont été tentés jusqu'à ce jour ont été plus que douteux ; on compte plus de revers que de succès, et rien ne vient encore justifier les espérances que cette nouvelle organisation industrielle a fait naître dans l'esprit de beaucoup d'économistes. Le procès est encore pendant, et chacun, suivant son inclination, peut y trouver, ou le dernier mot de l'organisation du travail ou le premier mot de la désorganisation sociale, ou une panacée universelle ou un remède empirique, ou une solution au problème du travail, ou une mode destinée à passer comme tant d'autres, et à rejoindre dans leur tombe la cité de Ménilmontant de Saint-Simon, le phalanstère de Fourier, l'Icarie de Cabet, le travail attrayant et la triade de Pierre Leroux.

La misère en sera-t-elle diminuée ? Nous ne le pensons pas. Voici pourquoi : la misère n'est pas le lot du travailleur dans notre siècle : l'ouvrier est libre, le fruit de son travail lui appartient tout entier. Quand il est intelligent et servi par des circonstances heureuses il parvient à la fortune. S'il est travailleur, l'aisance lui arrive à défaut de la fortune qui ne peut sourire à tout le monde. Les caisses d'épargne, les sociétés de secours mutuels, les caisses de retraite pour la vieillesse rendent avec usure à l'ouvrier les capitaux qu'elles lui ont demandés pendant un certain nombre d'années de travail. Si l'ouvrier a élevé une nombreuse famille, un ou plusieurs de ses enfants auront réussi, et tous viendront en aide au père de famille qui sera dans le besoin. La loi, à défaut du sentiment, les obligera à le faire. Voilà ce que devient l'ouvrier intelligent et travailleur. Celui que la misère atteint, c'est l'ouvrier paresseux, débauché, qui aura dépensé tout son salaire au cabaret, ou dissipé sans rien faire le temps consacré au travail. Eh bien ! de bonne foi, votre système d'association aura-t-il pour résultat de créer un bien-être pour le paresseux, de donner une fortune au débauché? Vous n'oseriez le soutenir, et alors vous n'aurez pas par ce moyen amorti la misère, car la paresse et la débauche sont les deux pourvoyeuses les plus actives de la misère. Il n'y a pas d'ailleurs que des ouvriers, il y a l'immense armée des travailleurs de terre qui ne peuvent s'associer, à moins que vous ne songiez au partage des terres, et à inaugurer un système d'association pour l'exploitation des propriétés rurales partagées. Il y a la classe des petits fermiers, des grangers que les mauvaises récoltes ruinent, que la misère atteint et que l'association ne peut sauver. L'association s'admet difficilement pour un grand nombre d'ouvriers qui travaillent à la journée, elle ne s'admet pas pour l'immense quantité de petits boutiquiers, merciers, épiciers, cordonniers, marchands de vin, de légumes, qui font mal leurs affaires, et que les impôts, les patentes et les loyers ruinent, et qui arrivent à la vieillesse sans avoir pu rien mettre de côté. Voilà une immense armée où la misère peut recruter ses clients. Vous ne pourrez donc pratiquer l'association que pour quelques industries, qui se prêteront à cette forme d'organisation, et lorsque vous aurez fait la part des associations ouvrières qui sombreront, de celles qui marcheront boiteusement et ne donneront que des résultats négatifs, vous verrez que s'il y a beaucoup d'appelés il y aura peu d'élus, et que votre système n'aura qu'une influence impondérable sur cette misère que vous espérez amortir.

Il ne sera donc rien changé à cette misère qui a existé et existera de tout temps, parce qu'elle est le résultat de l'inégalité des forces, des intelligences et des vices de l'individu. C'est la loi générale de l'humanité. Les peuples sauvages dont les besoins sont presque nuls y sont sujets comme les peuples civilisés. La famine et les épidémies le déciment et les torturent. Les animaux souffrent

froid et de la faim, les plantes souffrent, et dans ce concert universel de plaintes et de souffrances, l'homme civilisé voudrait seul ne pas faire entendre sa voix ! Il souffre, comme tout ce qui l'entoure, mais il a de plus l'intelligence qui lui fait comprendre ses souffrances.

Mais si la misère n'est pas amortie, ce système d'association aura du moins, dira-t-on, pour résultat d'appeler un plus grand nombre d'individus au partage et à la jouissance de ces biens à la possession desquels tout le monde aspire, et de rétribuer plus équitablement le travail. Sous ce point de vue, la question mérite d'être étudiée ; il s'agit de voir si l'association ouvrière est dans des conditions qui assure la réussite de ces projets, et si les ouvriers ont à gagner à ce nouveau mode d'organisation du travail.

Ce qu'il faut pour prospérer à une société commerciale, ouvrière ou non, ce sont des capitaux et du crédit. Qu'est-ce qui attirera le capitaliste ? Qu'est-ce qui séduira le banquier dans cette nouvelle organisation. Sera-ce le nombre des associés ? Mais deux cents zéros n'ont jamais fait une unité. Si ces deux cents associés ont quelques économies, le crédit qui sera fait à ces deux cents personnes ne sera pas plus grand que celui fait à une seule personne possédant un capital égal. La solidarité des associés sera-t-elle une garantie ? Mais ces ouvriers ne possédant rien que leur mise de fonds et quelques meubles que le créancier ne peut atteindre, en quoi cette solidarité qui ne porte sur rien pourrait-elle être une garantie? Leur qualité d'ouvriers peut-elle leur procurer du crédit? mais pourquoi? Il faudra que la société paie chaque jour le salaire à tous ses membres, et si ce salaire n'est pas suffisant pour vivre, comme ils l'affirment aujourd'hui, il ne pourra rien en être distrait pour grossir le fonds social. Il faudra donc que la société paie ses loyers, son gérant, ses impôts, ses employés, sa matière première, ses salaires, et nous ne voyons pas en quoi elle pourra attirer le crédit et les capitaux. Au début, ces sociétés trouveront quelques capitaux. Des gens habiles iront solliciter les souscriptions des hommes qui, par leur position gouvernementale et officielle, se croiront obligés de favoriser ces essais. Les hommes politiques qui votent pour le candidat indépendant seront mis également à contribution, sous peine de déchéance dans l'opinion des frères et amis, et on organisera ainsi des débuts. Mais les capitaux sérieux seront sourds à ces appels et attendront des résultats plus positifs. Aussi l'*Opinion nationale* demande-t-elle cent millions de francs pour favoriser les débuts des sociétés ouvrières. Il est impossible de décréter d'une manière plus simple la ruine du commerce. Si cette subvention était accordée, les ouvriers déserteraient leurs ateliers et se jetteraient sur cette proie qui leur serait offerte. Les fabriques seraient abandonnées, les chefs ruinés d'un coup au profit des ouvriers, qui sans doute, pour commencer leurs opérations, consentiraient à prendre les établissements à vil prix et offriraient aux patrons une place d'ouvrier dans leur propre établissement.

Nous croyons donc que les associations ouvrières auront pour se constituer tout autant de difficultés à vaincre que les sociétés commerciales ordinaires, et que ni le nombre des associés, ni leur solidarité, ni leur qualité d'ouvriers ne sera une garantie suffisante pour déterminer l'ouverture du crédit dont elles auront besoin. Ajoutons à cela que ce qui constitue le crédit d'une société, c'est la connaissance que les banquiers et le public ont de là capacité, de la valeur commerciale des associés. On sait qu'ils ont travaillé dans telle maison de commerce, qu'ils sont intelligents, actifs, et c'est sur ces données que se jettent les premiers fondements du crédit accordé. Il ne pourra en être de même dans une association ouvrière dont les membres sont inconnus. Cette société devra donc être représentée auprès du public par un gérant chargé de la direction unique des affaires de la société. Si le gérant est intelligent et actif, les affaires de la société pourront prospérer;

mais s'il est aventureux en affaires, malhabile ou malhonnête, les affaires de la société s'en ressentiront, et la déconfiture sera la conséquence de cette mauvaise direction. Cela arrive quelquefois, trop souvent même dans les sociétés anonymes ordinaires, mais les résultats n'en sont pas aussi désastreux. Celui qui expose ses capitaux dans une société anonyme n'en expose qu'une petite partie; il éprouve quelques pertes, tandis que l'ouvrier verra disparaître toutes les épargnes de sa vie.

Que deviendront les ouvriers de ces sociétés qui auront sombré? Ils iront s'agréger à des sociétés d'ouvriers plus heureuses; mais sur quel pied y seront-ils admis ? Si la société gagne, admettra-t-elle ces nouveaux venus ruinés au partage de ses bénéfices? n'est-il pas à craindre que si elle les accepte ce ne soit à des conditions différentes de celles des premiers actionnaires? et alors vous arriverez à constituer une aristocratie d'ouvriers. Ceux qui n'auront rien ou qui auront tout perdu seront les frères convers et servants de cette nouvelle communauté laïque. Vous aurez des ouvriers et des sous-ouvriers.

Nous ne disons rien encore des difficultés que le partage des bénéfices entraînera. Les ouvriers paresseux ou malhabiles seront-ils payés sur le même pied que les autres, et ne voyez-vous pas poindre d'ici les germes des difficultés entre ces associés si nombreux, et si différents d'esprit et de caractère. Sans doute on nous dira que ce sont-là des difficultés de détail que la pratique résoudra, mais ce sont souvent dans les petites difficultés non prévues que se trouvent les grands empêchements à la réussite des projets les mieux conçus.

A côté des sociétés qui ne réussiront pas se placent les sociétés qui se soutiendront avec peine. Que deviendront ces sociétés lorsqu'une crise éclatera, comme cela arrivera périodiquement ? La société se trouvera dans cette alternative fâcheuse, ou de continuer le travail pour donner le salaire aux ouvriers, et alors elle encombrera ses magasins et risquera de s'arrêter, si la crise se prolonge ; ou de suspendre le travail, et il faudra néanmoins nourrir cette armée d'ouvriers et puiser à pleines mains dans la caisse sociale. Dans l'un comme dans l'autre cas, la société sera en péril de mort, et les bénéfices, s'il y en a, auront bientôt disparu.

Ajoutons que la tendance actuelle du commerce est de faire ce qu'on appelle de grandes affaires avec de grands capitaux. On spécule sur l'achat de la matière première ; lorsqu'elle est bon marché, on en fait des achats considérables, on fabrique en grande quantité, et on écoule avec bénéfice lorsque la hausse arrive. La grande industrie est donc appelée à prospérer seule et à écraser ceux qui suivront les anciens errements du travail. Les associations ouvrières qui ne pourront pas se constituer avec un capital suffisant pour faire de la grande industrie, risqueront dans cette lutte de jouer le rôle du pot de terre contre le pot de fer, et d'être écrasées par ce terrible voisinage.

Nous ne pouvons nous arrêter plus longtemps sur cette question. Les associations ouvrières en sont encore à chercher leur voie et les bases sur lesquelles elles doivent se fonder. Les imaginations sont en travail, les projets éclosent, et il ne sera possible de porter un jugement certain que lorsque ces sociétés auront fait connaître leur organisation définitive. Que sortira-t-il de cet enfantement? Nous voudrions pouvoir dire le bonheur des ouvriers, mais nous craignons qu'il n'en sorte beaucoup de pertes pour ceux qui auront prêté leurs capitaux, et beaucoup de déceptions pour l'ouvrier qui aura voulu jouer au maître, et regrettera plus d'une fois l'antique organisation du travail qui lui donnait un salaire assuré et le droit de se coaliser contre son patron pour se faire augmenter.

Ce que nous voyons poindre avec déplaisir dans toutes ces idées d'association, ce que nous craignons, c'est le développement des idées communistes. On a essayé de faire entrer le communisme tout d'une pièce dans la société : les Saint-Simoniens, les Fourrieristes, les Icariens ont cherché à diverses reprises à instituer la société et la famille sur des bases entièrement nouvelles ; ils ont échoué. L'attaque était trop violente, le bouleversement médité trop profond. Aujourd'hui le communisme cherche à pénétrer dans la société sans en violer les lois fondamentales ; il cherche à s'insinuer, il se fait aussi humble que possible, et ce nouveau principe d'association nous semble une forme nouvelle du communisme. Tout aujourd'hui est à l'association : association d'alimentation, association de consommation, association pour la production, mutualité, coopération, voilà les mots du moment; n'est-il pas à craindre, lorsque vous vous serez associé pour tant de choses, que vous ne vous associiez pour le reste? la vie n'aura plus de secret, le foyer plus de mystère; on se sera associé pour travailler, il y aura communauté d'intérêts; on se réunira pour consommer, il y aura communauté d'existence; le reste viendra tout seul ; la continuelle fréquentation des sexes dans tous les actes de la vie, travail et repos, amènera le désordre d'abord, et la ruine de la famille ensuite. N'avons-nous pas, loin de nous il -est vrai, l'exemple de la petite république de Sparte; les associations d'alimentation y florissaient et elles aboutirent à l'association des familles, car bien que le mariage existât à Sparte, l'habitude de vivre en commun y avait apporté de singuliers tempéraments. Comme le principal souci de l'administration lacédémonienne était de se procurer des citoyens bien portants, et qu'elle poussait ce soin jusqu'à se débarrasser des produits moins réussis par des moyens violents, il n'était pas rare de voir un jeune Spartiate bien bâti appelé dans un but tout à fait de confiance dans les familles ; ce qui explique, chose qu'on n'expliquait pas au collége, pourquoi les pères et les mères lacédémoniens apprenaient avec tant de stoïcisme la mort de leurs enfants sur le champ de bataille ; c'est qu'ils ne savaient pas, les trois-quarts du temps, à qui ils appartenaient.

Nous n'aimons pas l'association, parce qu'elle implique avec elle le renoncement de l'individu, l'absorption, l'anéantissement de la personnalité humaine au profit d'une communauté. Les communautés religieuses ont assez longtemps provoqué la colère des libéraux de toutes les époques, et ces nouvelles idées d'association n'ont d'autre but que do constituer une communauté laique, civile, avec tous les dangers résultant, pour la famille, de la fréquentation continuelle des hommes et des femmes et des enfants qui la composent. Nous comprenons qu'on améliore le sort du travailleur, et jamais société n'a été portée d'aussi bonne volonté pour cette œuvre de justice et d'humanité ; mais nous ne voudrions pas qu'on cherchât la réalisation d'un bonheur général impossible aux dépens des principes qui ont fait la gloire et la prospérité des sociétés modernes, l'affranchissement de l'individu et le développement de la personnalité humaine.

Nous voilà loin de la question des grèves et de la loi sur les coalitions ; revenons-y sans transition, et montrons aux chefs d'industrie que s'ils n'ont rien à attendre de la presse dont les tendances leur sont hostiles, ils n'ont rien à attendre de la loi dont les dispositions nouvelles ne leur sont pas favorables.

II.

De la loi sur les coalitions.

La loi de 1864, dont nous nous occupons, a remplacé les articles 415 et suivants du code pénal de 1849, qui eux-mêmes avaient remplacé les anciennes dispositions du code pénal de 1810. Voilà la généalogie de cette loi, en ne remontant pas plus haut que la promulgation de nos codes, car de tout temps, même sous l'ancienne organisation des jurandes et des maîtrises, le législateur s'était occupé de cette grave matière des coalitions, soit des ouvriers contre les patrons, soit des patrons contre le public.

Nous n'avons pas à faire ici un travail sur notre législation ; il nous importe seulement de faire connaître les principes qui ont régi les coalitions depuis la promulgation du code pénal en 1810, jusqu'à nos jours. Le législateur à cette époque, préoccupé des idées d'ordre indispensables à une société qui venait d'être si violemment agitée, punissait la coalition des ouvriers par cela seul qu'elle existait, et ne punissait la coalition des maîtres que lorsqu'elle était injuste et abusive. Cette distinction n'était pas fondée sur des idées d'inégalité de condition du maître et de l'ouvrier, mais sur des idées d'ordre et de sécurité publique. Le législateur pensait qu'il importait à la tranquillité de tous, que des masses d'hommes ne vinssent pas à quitter spontanément leurs travaux et à se livrer à tous les écarts que peut entraîner le désœuvrement joint aux suggestions des meneurs qui ont toujours la haute-main dans ces affaires. Aussi, pour mettre l'ouvrier à l'abri de ces suggestions, qui sont le principe et l'âme de toutes les coalitions, le législateur punissait-il la coalition de l'ouvrier dans tous les cas.

Quant aux chefs, la coalition était punie lorsqu'elle tendait à l'abaissement abusif des salaires. D'un côté le petit nombre des chefs rassurait le législateur, puis on pensait avec raison qu'il n'y avait pas à craindre de coalition de leur part. L'entente entre chefs d'industrie qui se disputent les ouvriers n'est guère possible et on n'a pas d'exemple qu'elle ait jamais existé; aussi a-t-on vu les prix des salaires hausser progressivement depuis cette époque, par l'effet seul des progrès de l'industrie, et sans que jamais les chefs aient songé à se coaliser pour arrêter la marche ascendante des salaires.

Cette loi de 1810 a traversé les deux restaurations, c'est-à-dire les deux époques où l'industrie française a été le plus florissante, et a subsisté jusqu'en 1849. A cette époque, des réclamations s'élevèrent, et on s'étonna de l'inégalité que la loi avait créée entre le patron et l'ouvrier. Il était évident que la population ouvrière, qui avait déterminé la chute de la monarchie et proclamé la république, devait demander la disparition de cette inégalité offensante pour des vainqueurs ; une nouvelle loi fut présentée à l'Assemblée législative, et l'article 415 du code pénal vit le jour. Cette loi assimilait la coalition du maître à celle de l'ouvrier et la punissait quel que fût son caractère, soit qu'elle se traduisît par des menaces, soit qu'elle fût pacifique.

Il semblait que tout était dit sur cette loi et que l'assimilation de l'ouvrier et du maître en matière de coalition devait satisfaire les plus exigeants ; on se trompait, il y avait, à ce qu'il paraît, quelque chose à faire, et voici à quelle occasion l'attention du gouvernement fut portée sur cette question. Les ouvriers typographes de Paris demandèrent à leurs patrons l'exclusion des femmes et des apprentis, des ateliers d'imprimerie, se fondant sur ce que ces dernières travaillaient à meilleur marché que les hommes, et nuisaient ainsi à leurs salaires. Les maîtres refusèrent d'accéder à cette demande dont le fond, il faut l'avouer, n'était ni juste ni humain. Cette prétention tendait à créer une inégalité contraire aux vrais principes du Christianisme, et à jeter les femmes dans cet état de misère qui les oblige à chercher leur existence dans le désordre et la débauche. Sur le refus des maîtres, les ouvriers se mirent en grève et désertèrent pacifiquement leurs ateliers. Une instruction fut commencée, et comme le délit existait, et que la loi était précise, un certain nombre d'ouvriers furent condamnés à quelques jours d'emprisonnement; l'Empereur fit grâce, mais l'attention du gouvernement fut portée sur cette question. On trouva étrange de punir des ouvriers qui se retiraient pacifiquement de leurs ateliers, et pour remédier à un état de choses si révoltant, un projet de loi fut préparé; il a abouti, après discussion à l'assemblée législative, à la nouvelle rédaction des articles 415 du code pénal de 1849.

Le nouveau texte de la loi n'est pas très-précis, comme il est facile de s'en apercevoir; on ne sait pas

au juste ce que la loi permet ou ne permet pas, et si la
coalition est oui ou non autorisée. Le législateur est
resté dans un vague qui ferait honneur à une sibylle,
mais qui est déplorable dans la rédaction d'une loi.
On a craint d'affirmer le droit des ouvriers à se coaliser, ce qui entraînait l'affirmation du droit de se
réunir, de se concerter. Pour savoir ce que la loi
permet, il faut raisonner *à contrariis* et dire : ce
que la loi ne punit pas est permis ; or, la loi ne punit que les coalitions accompagnées de menaces et
violences, donc elle permet les coalitions qui ne sont
accompagnées ni de violence ni de menaces. Voilà
le tour de force qu'il faut faire pour arriver à l'inter-
prétation exacte de la loi. Il est évident que le législateur a voulu faire quelque chose pour améliorer le
droit des ouvriers en matière de coalition, mais ce
quelque chose l'a embarrassé, car il ne voulait ni
affirmer le droit de l'ouvrier à se coaliser, ni recon-
naître le droit de réunion et d'association qui en est
la conséquence immédiate. Le gouvernement a donc
trouvé cette rédaction obscure, qui lui permettra
d'intervenir quand il le voudra dans les querelles
des patrons et des ouvriers, car toute coalition sup-
posant un concert, une réunion ne pourra avoir
lieu qu'avec l'autorisation tacite du gouvernement.
Cette immixtion de l'autorité dans ces matières dé-
licates de réglementation de salaire nous paraît fâ-

cheuse à tous les points de vue, et en ce sens surtout, que l'autorité semble donner son approbation
et son visa aux grèves qui éclateront.

La pensée du législateur semble donc avoir été
d'autoriser les coalitions pacifiques et de punir celles
qui seraient accompagnées de violences et de menaces. Cette distinction entre les deux espèces de
coalitions semble naturelle et juste. Un ouvrier veut
quitter un atelier, rien ne doit s'opposer à sa volonté ;
le travail ne saurait être forcé à notre époque ; ce qui
est permis à un ouvrier doit être permis à plusieurs,
et l'action ne peut devenir délictueuse par ce seul
fait qu'elle est commise par plusieurs personnes. Ce
raisonnement peut paraître juste à la surface, au fond
il n'a pas de valeur ; voici pourquoi : sans doute un
ouvrier peut quitter son atelier quand il lui plaît,
c'est un droit que personne ne lui conteste et dont il
a toujours usé ; plusieurs ouvriers peuvent quitter
leur atelier, c'est encore un droit incontestable, mais
lorsque ce départ, au lieu d'être le fait de la volonté
individuelle, est le résultat d'un concert arrêté entre
tous les ouvriers, et a pour résultat l'abandon pré-
médité et instantané des travaux, le fait change de
nature et devient délictueux. Il y a d'abord un préjudice causé par le départ concerté de tous les ouvriers, et si un principe de la loi a pu dire que celui
qui cause un préjudice à autrui par négligence ou

simple imprudence doit le réparer, et si ce fait est qualifié de quasi délit par le législateur, ne sera-t-il pas qualifié plus sévèrement lorsque le préjudice sera le résultat d'un concert et d'une entente prémédités des ouvriers qui cessent instantanément leurs travaux, et occasionnent ainsi un préjudice à celui qui leur fournissait du travail et les moyens de vivre? N'y a-t-il pas ensuite dans ce fait une violence morale, une pression exercée contre le maître pour le forcer à céder aux demandes qui lui sont faites ; or la loi ne défend-elle pas la violence morale comme la violence physique ; ne suffit-il pas qu'un pareil fait de contrainte morale soit prouvé pour annuler une convention, donner même lieu à des poursuites correctionnelles ? N'y a-t-il pas aussi une violence morale exercée contre les autres ouvriers qui sont obligés de céder par esprit de corps, ou par crainte, et éprouvent ainsi un préjudice dont ils n'osent se plaindre ?

Ainsi un fait peut donc devenir un délit, suivant qu'il est exercé par une ou plusieurs personnes. N'en avons-nous pas la preuve dans le délit de réunion et d'association non autorisée? Quoi de plus naturel que de se réunir dans un but déterminé de philanthropie ou de charité, même de politique? Deux personnes, dix même peuvent se réunir, mais si ce nombre dépasse vingt, le délit commence ; à dix-neuf

il n'y en a pas, à vingt-un il y a délit, et il faut pour
se réunir une autorisation. Il nous serait facile de
multiplier les exemples, et montrer qu'un fait change
de nature suivant le nombre de personnes qui le
commettent, et devient délictueux si la société a intérêt à ce que ce fait ne soit pas commis par un
certain nombre de personnes ; or, la société a un
intérêt évident à empêcher l'explosion des grèves,
soit sous le point de vue du trouble apporté à la
tranquillité publique, soit sous le point de vue de la
perte qui en résulte pour la richesse publique. S'il est
un cas où la vigilance de la loi doive s'exercer, c'est
surtout en matière de coalition ; car c'est un fait qui,
en se généralisant, peut amener les plus graves désordres et porter le plus grand préjudice à la société.
Aussi le législateur, à toutes les époques, a reconnu
l'existence de ce délit, et le législateur de 1864, en auto-
risant la coalition, n'a pas osé effacer le mot du code,
et affirmer le droit de l'ouvrier à se coaliser. Ainsi
pour nous, le délit de coalition s'établit par le concert, l'entente des ouvriers en dehors de toute menace ou de toute violence. Si les ouvriers emploient
la menace et la violence, ils commettent un second
délit, ou ils aggravent le premier en portant atteinte
à la liberté du travail. Ce sont donc deux délits
entraînant les mêmes conséquences fâcheuses pour
la prospérité privée et publique, soit que la coali-

tion se traduise par l'abandon de l'atelier purement et simplement, soit qu'elle se produise avec violence et menaces, et on ne voit pas pourquoi le législateur a effacé le caractère délictueux de la première coalition, pour le réserver seulement à la seconde.

La loi nous paraît donc mauvaise parce qu'elle n'est pas claire ; elle est pleine d'obscurité et de cas réservés, la loi veut donner et retenir à la fois ; elle n'ose pas affirmer le droit de se coaliser, de se réunir, de se concerter ; elle veut toujours avoir la haute main dans les difficultés qui surviendront entre patrons et ouvriers , cette haute main que l'on retrouve partout mais qu'il est dangereux de rencontrer en pareille matière.

Cette loi est inutile, car la législation sur les coalitions était peu sévère, et les progrès que les classes ouvrières ont fait en tous genres sous l'empire de ces lois, prouvent qu'elles n'étaient pas contraires au développement du bien-être moral et matériel de l'ouvrier. Il ne fallait pas, pour un fait isolé comme celui des typographes de Paris, remanier une loi pénale, à l'ombre de laquelle l'industrie avait prospéré et grandi.

La loi est inopportune, et il est à regretter que le gouvernement ait choisi, pour promulguer cette loi, le moment où l'industrie était aux prises avec les embarras résultant du traité de commerce avec l'Angleterre.

Il ne fallait pas, à un pareil moment, entraver sa marche par une législation dont le besoin ne se faisait nullement sentir; si on ne voulait pas fortifier l'industrie par des tarifs, il ne fallait pas au moins l'affaiblir en diminuant l'autorité morale du chef, et en le laissant exposé sans défense aux exigences des ouvriers qui seront d'autant plus impérieuses qu'elles ont été plus vivement satisfaites.

III.

De l'union des maîtres.

La loi de 1864 a donc créé à l'industrie des embarras et des périls avec lesquels il faut compter aujourd'hui. L'empressement que les ouvriers ont mis
à s'emparer, à leur profit, d'une loi qui venait à
peine d'être votée, montre que ce n'est pas pour eux
une lettre morte et qu'ils comptent en faire un fré-
quent usage. Qu'opposerons-nous à leurs exigences
quand elles se présenteront de nouveau? Avec
quelles armes combattrons-nous les coalitions des
ouvriers? La réponse est bien simple : avec les
mêmes armes dont les ouvriers se seront servis

contre nous. En un mot nous opposerons aux coalitions des ouvriers la coalition des maîtres, ou si le mot de coalition paraît trop agressif, nous opposerons à l'union des ouvriers l'union des maîtres. La politique du chacun chez soi et chacun pour soi a fait son temps, et devant l'attaque combinée des sociétés ouvrières, il faut la résistance combinée des chefs d'industrie.

Quand les ouvriers, ou pour mieux dire les meneurs, verront les chefs préparés à la résistance, ils y regarderont à deux fois avant de se lancer dans de nouvelles grèves qui pourraient leur être fatales. C'est l'isolement du maître qui a fait la force de l'ouvrier dans ces premières grèves ; si cet isolement continue, l'attaque recommencera à la première occasion. Mettons donc le temps à profit et n'attendons pas une seconde démonstration sans être préparés à y répondre.

Pour réaliser cette union que nous demandons ou que nous rêvons pour le commerce, il faut que les manufacturiers, les chefs des diverses industries se réunissent et arrêtent un programme commun. Ainsi pour prendre un exemple, les tailleurs, les bottiers, les passementiers, les imprimeurs, tous ceux enfin qui occupent des ouvriers pourraient se réunir par corps d'état, et arrêter leurs résolutions relatives aux salaires et à toutes les questions que peuvent entraîner les rapports des chefs et des ouvriers. Copie de ces délibérations serait envoyée aux industriels des mêmes corps d'état habitant d'autres villes, avec prière de se réunir et de formuler leurs observations. Il serait facile ainsi, à chaque corps d'état, d'arriver à avoir un programme uniforme, et une correspondance continuelle sur toutes les affaires intéressant chaque industrie. Une cotisation basée sur les contributions payées serait versée annuellement, et chaque métier aurait aussi son budget prêt à faire face aux besoins et aux éventualités des grèves. Rien ne serait plus facile, au cas de danger extrême, que d'obtenir la coopération et les secours des industries qui ne seraient pas menacées, le tout à charge de revanche, bien entendu.

On pourrait aussi, dans le même but, fusionner toutes les sociétés industrielles de France, et au moyen de la cotisation annuelle dont nous parlons, relier toutes les industries par une organisation puissante ; un budget considérable permettrait de faire face à toutes les éventualités possibles. On nous arrêtera sans doute aux premiers mots et on nous dira : votre société, pour exister, aura besoin de l'autorisation du gouvernement, et celui-ci pensant que vous vous réunissez dans un but hostile à ses tendances vis à vis des classes ouvrières, vous refusera l'autorisation que vous serez obligés de solliciter ; nous répondrons à cette observation, que la loi ayant permis aux ouvriers de se concerter pour ce qui regarde la règlementation des salaires, ne saurait refuser le même droit aux chefs sans la plus violente injustice. A notre sens, rien n'empêche les tailleurs, par exemple, de se réunir et d'arrêter un programme pour la règlementation des salaires des ouvriers tailleurs ; ce qui est permis aux tailleurs ne saurait être défendu aux bottiers, et chaque corps d'état isolément a le droit de prendre des résolutions pour ce qui concerne l'industrie particulière à ce corps d'état.

Quant à créer une société générale, représentant en faisceaux les industries de notre pays, il est certain qu'il faudrait à cette société l'autorisation du gouvernement ; mais il n'est pas certain que le gouvernement la refusât lorsqu'il connaîtrait son but et ses tendances. Le gouvernement est intéressé à ce que la tranquillité publique ne soit pas troublée, à ce que des masses d'hommes ne viennent pas à quitter subitement leurs travaux, et restent livrés à la merci des meneurs. Il faut souvent peu de chose alors pour faire d'une émeute industrielle une émeute politique ; les émeutes de Lyon en 1831 et 1834 en sont la preuve. D'un autre côté, le gouvernement est intéressé à voir se développer la richesse publique, et par conséquent à ce que les grèves soient aussi

rares que possible. Or, rien n'est plus fatal à l'ex-
pansion de l'industrie que le retour périodique de ces
grèves. Que fera l'autorité pour les empêcher ? Rien
si elle veut être fidèle à son programme qui est de
laisser faire les ouvriers et les patrons. Si elle ne
veut pas y être fidèle, il lui faudra, contrairement à
la loi, intervenir soit en faveur de l'ouvrier, soit en
faveur du chef. Cette intervention sera d'autant plus
fâcheuse que l'autorité aura semblé, dans d'autres
temps, favoriser les prétentions des ouvriers, et qu'en
définitive elle violera la loi. Le gouvernement sera
donc heureux de trouver un contrepoids tout créé,
qui empêchera l'explosion des prétentions inconsidérées des ouvriers, en même temps qu'il lui sera
facile de s'entendre avec une société autorisée par
lui et dont le but sera, en définitif, non pas de créer
une résistance à des besoins justes, mais à des prétentions exagérées et nuisibles, même par leurs excès, aux ouvriers comme aux patrons.

La manière dont la société fonctionnera sera une
garantie que les grèves n'éclateront pas sans que
tous les moyens de conciliation n'aient été épuisés.
Il suffit aujourd'hui de la mauvaise humeur de deux
ou trois ouvriers influents, et presque toujours des
plus payés, pour occasionner une grève dans une
industrie et causer des désastres considérables. Le
patron se trouve de suite, et sans intermédiaire, en

présence de l'ouvrier qui le menace, une étincelle
suffit pour produire cette explosion redoutée. L'a-
mour-propre irrité vient s'ajouter aux intérêts frois-
sés, et il est difficile alors d'arriver à une entente
amiable. Le législateur, qui avait prévu cet état de
choses, aurait bien voulu faire précéder la déclara-
tion de guerre d'une tentative de conciliation ; mais
les moyens étaient difficiles à mettre en pratique, et
on a sagement fait d'y renoncer. La société, dont
nous demandons l'organisation, pourrait remplir
l'office de ce tribunal conciliateur. Composée de
toutes les industries, n'en représentant aucune en
particulier, ayant en vue avant tout la prospérité
générale du commerce, se sentant forte de ses
moyens d'actions, elle agirait sur le patron engagé
dans la société pour le forcer à s'arranger, en même
temps qu'elle intimiderait les meneurs dans leurs
prétentions injustes. La guerre industrielle n'éclate-
rait donc pas sans que des moyens sérieux de conciliation n'aient été mis en œuvre. Bien que la société soit partie au procès, nous croyons qu'eu
égard à l'intérêt que tous ses membres ont à empêcher l'explosion d'une grève, et eu égard aux idées
dominantes de l'époque vis-à-vis des classes ouvrières, la conciliation aurait lieu toutes les fois
qu'elle serait possible. Le fléau se trouverait donc
circonscrit à quelques cas rares, où il aurait été

impossible de s'entendre. L'isolement des maîtres en présence de la loi est une tentation à laquelle les ouvriers ne sauront pas résister, et les grèves partielles se multiplieront au grand préjudice, des patrons et des ouvriers. C'est ce que nous avons vu se produire depuis l'adoption de la loi, et il n'est pas d'industrie qui tour à tour ne soit venue demander à ces moyens d'intimidation l'augmentation de salaire à laquelle les ouvriers prétendaient avoir droit.

La résistance aux coalitions des ouvriers ne serait pas l'unique but de l'association que nous voudrions voir s'établir entre tous les chefs. Le budget produit par la cotisation annuelle de tous les membres, et qui donnerait une somme considérable, permettrait de poursuivre la réalisation de projets d'un ordre plus utile. Cet argent pourrait servir à aider au développement de l'instruction élémentaire et professionnelle des classes ouvrières. L'enseignement dans notre pays n'est ni gratuit, ni obligatoire ; il faut donc en étendre les bienfaits le plus possible et rien ne serait plus facile, au moyen d'une légère subvention, de faire d'une contre-maîtresse d'atelier une maîtresse d'école, qui donnerait les premières notions de lecture et d'écriture sans sortir de l'atelier, et sans nuire au travail. Que d'ouvriers et d'ouvrières soupirent après cet enseignement qu'ils ne peuvent se procurer parce qu'il faut le payer d'abord

et le prendre pendant des heures employées au travail, ou dans des lieux déterminés.

L'instruction professionnelle serait également dé-
veloppée par la création de maisons d'apprentissage,
où l'ouvrier apprendrait tout à la fois son métier et
les notions scientifiques qui s'y rapportent. Des
efforts ont été tentés pour développer l'instruction
professionnelle. Des cours publics ont été établis, et
l'ouvrier peut y venir le soir. Ces semences ne sont
pas perdues, mais elles auraient besoin, pour être
fécondées, de rencontrer un terrain mieux préparé.
Quel que soit le bon vouloir de l'ouvrier auditeur, il
est difficile que ces leçons soient comprises sans
une instruction préparatoire que beaucoup ne pos-
sèdent pas. Les maisons d'apprentissage auraient
pour résultat de donner à cet enseignement une direction plus pratique. L'enfant apprendrait le métier
qu'il doit exercer et le pratiquerait comme ouvrier,
en même temps qu'il recevrait l'instruction nécessaire à la connaissance entière de son art. Ce seraient les colléges des ouvriers. Les parents n'hési-
teraient pas à donner leurs enfants à des établissements pareils plutôt que de les mettre en apprentissage chez des ouvriers qui n'y voient qu'une occasion de bénéfice à faire. Ajoutez à cela les dangers
que courent les enfants de l'un et de l'autre sexe
dans les maisons d'apprentissage. C'est là que se re-

crutent les sujets que nous voyons venir s'asseoir sur les bancs de la police correctionnelle, et c'est là que les proxenètes vont chercher les jeunes filles qu'elles livrent à la débauche. Ces maisons d'apprentissage prépareraient donc pour l'avenir une population ouvrière intelligente et morale, et ce serait là le meilleur moyen de reconstituer la famille ouvrière, car si vous voulez arriver à cette reconstitution, ce n'est ni par la mère, ni par le père qu'il faut commencer, mais par l'enfant.

La société dont nous rêvons l'organisation aurait aussi pour but de fournir aux chefs d'atelier le matériel dont ils auraient besoin pour augmenter leurs ateliers ou perfectionner les machines qui ne seraient plus à la hauteur des progrès de l'industrie. Cette intervention serait d'un grand secours dans un pays comme le nôtre, où les petits ateliers dirigés avec intelligence sont abondants, mais où l'argent manque pour tenir les machines à la hauteur des progrès nouveaux. La société connaissant, par ses ramifications, la moralité et la solvabilité de ses membres, pourrait faire l'avance des capitaux nécessaires, et notre industrie pourrait soutenir plus facilement la lutte contre les manufactures étrangères.

Ce n'est pas tout encore ; les inventions dans notre pays sont en général mal accueillies, et les découvertes utiles périssent ou sont transportées dans d'autres pays faute de capitaux pour les mettre en exploitation ; le capital est timide de sa nature, et ne se prête pas aux combinaisons du génie. La société consacrerait chaque année une somme à la mise en œuvre des inventions qui lui paraîtraient devoir produire des résultats. Elle participerait aux bénéfices que ces inventions pourraient donner, et compenserait ainsi les pertes que des essais malheureux auraient pu entraîner.

Voilà quels seraient les principaux buts que la société des chefs réunis chercherait à atteindre :

Résistance aux grèves injustes.

Extension de l'instruction élémentaire au moyen de création de maîtres et maîtresses d'école dans les ateliers et fabriques, et de l'instruction professionnelle par la création de maisons d'apprentissage disséminées sur la surface du pays et embrassant toutes les industries.

Avances faites aux chefs d'ateliers pour achat et renouvellement du matériel.

Subsides accordés aux inventions, et mise en valeur de celles qui paraîtront les meilleures.

Votre programme est séduisant, dira-t-on, mais une cotisation annuelle suffira-t-elle pour faire face à ces dépenses multiples ? Nous le croyons. Si les chefs d'industrie, les patrons des différents corps d'état, les manufacturiers, tous ceux enfin qui sont intéressés à la prospérité du commerce et à l'amélioration du sort de l'ouvrier souscrivent à la formation de la société, et que la cotisation annuelle soit portée à quarante francs, on pourrait avoir un budget de douze millions avec trois cent mille associés, et ce nombre n'est pas hors de proportion avec le nombre des industriels en France; à Paris, seulement, le nombre des chefs est de cent mille. Le budget pourra donc parer aux éventualités résultant des grèves, que nous notons pour mémoire; il est à croire qu'en face de la formidable organisation de la société, et de l'esprit qui l'anime, les grèves seront fort rares; cette somme restera donc disponible pour les autres résultats que la société veut atteindre. Au besoin, si des grèves éclataient, la cotisation pourrait être doublée sans qu'il en résultât un préjudice bien grand pour les associés. Les avances faites aux chefs d'atelier pour achat du matériel, ne sont que des placements d'argent; les subsides aux inventeurs entraîneront peu de dépense parce que les inventions heureuses couvriront et au-delà les frais faits pour la mise en valeur de celles qui n'auront pas réussi; les fortes dépenses consisteront dans les subventions aux écoles et dans l'entretien des maisons d'apprentissage: mais si l'on considère que les parents contribueront dans une certaine proportion aux dépenses de leurs enfants apprentis; que, d'un autre côté, les produits manufacturiers résultant du travail des enfants appartiendront à la société, et serviront à couvrir ses frais, on peut en induire qu'avec le budget que nous supposons, avec l'ordre et l'économie que des industriels savent apporter dans le maniement des capitaux, ce budget suffirait et au de-là à couvrir toutes les dépenses dont nous venons de parler.

Verrons-nous s'établir cette association des chefs d'industrie dont nous venons de tracer l'organisation? Nous l'espérons, mais il faudra que le fléau des grèves ait attaqué auparavant toutes nos industries, et ait causé de grands désastres, pour que les chefs sentent enfin l'impérieuse nécessité de s'unir. Habitués à voir l'autorité et la loi veiller sur eux, au nom des principes conservateurs de la société, il faudra du temps pour qu'ils songent eux-mêmes à défendre leurs intérêts menacés. Essayons-le puisque le chef de l'Etat nous reproche notre manque d'initiative, et nous invite à apprendre à faire nous-mêmes nos affaires. Espérons qu'en face des paroles si libérales du Souverain nous ne rencontrerons pas des entraves mises par l'autorité à notre union projetée, et que nous pourrons pratiquer largement le principe de réunion, sans l'exercice duquel la loi de 1864 n'est qu'une arme à double tranchant entre les mains du gouvernement, qui peut frapper suivant son bon plaisir, sur les ouvriers et sur les chefs.

www.ingramcontent.com/pod-product-compliance
Ingram Content Group UK Ltd.
Pitfield, Milton Keynes, MK11 3LW, UK
UKHW021630090726
13657UKWH00004B/1550